AF599428

Un canal nuevo

Obra ganadora

II Premio Internacional de Teatro Breve 'Stella Manaut'

diversitats

www.lasturaediciones.com
info@lastura.es

Editado en Madrid, España.

Primera edición: septiembre, 2024

Depósito Legal: M-20469-2024
ISBN: 978-84-128790-5-6

Impreso en Antequera, Málaga
Printed in Spain

Victoria Enguídanos

UN CANAL NUEVO

Obra ganadora

II Premio Internacional de Teatro Breve 'Stella Manaut'

Plataforma de Escritoras del Arco Mediterráneo

INTRODUCCIÓN

El Premio Internacional de Teatro Breve 'Stella Manaut' está convocado por la Plataforma de Escritoras del Arco Mediterráneo. En esta quinta edición se recibieron 66 obras desde países como Argentina, Chile, Colombia, México, Puerto Rico o Uruguay, además de muchas provincias españolas.

El fallo del II Premio Internacional de Teatro Breve 'Stella Manaut' tuvo lugar el 23 de abril de 2024, Día Internacional del Libro. El jurado estuvo presidido por Stella Manaut y formado por Rosa Sanmartín y Emilio Tadeo, como vocales, y Elia Saneleuterio Temporal como secretaria sin voz ni voto. Este jurado acordó por mayoría conceder el premio a la obra *Un canal nuevo*. Abierta la plica, la ganadora resultó ser la dramaturga y actriz Victoria Enguídanos Moreno.

Un canal nuevo es una pieza breve que destaca por su desarrollo dramático y la coherencia textual que existe a lo largo de todo el texto. Además, se aprecia una equilibrada fusión entre los valores literarios, líricos y expresivos en el diálogo de las coprotagonistas, que mantienen la tensión dramática y que muestran, a partir de sus intervenciones, una metáfora sobre el machismo que asola a nuestra sociedad. La obra exalta la necesidad, profundamente humana, del diálogo como medio para superar las incomprensiones, las dificultades comunicativas y la soledad.

Victoria Enguídanos Moreno es licenciada por la ESAD de Valencia y amplió sus estudios de interpretación en el HB Studio New York, becada por el Ministerio de Cultura. Desde entonces desarrolla su carrera profesional como actriz en el medio teatral y en el audiovisual. A partir del conocimiento adquirido en el ecosistema teatral, brota la necesidad de comunicar su propia voz a través de la dramaturgia y en 2019 la editorial Fundamentos publica sus dos primeros textos. El estreno de su primera obra, *Dependencias*, despertó el interés de las UPCCA para su programación como herramienta de prevención en conductas adictivas y fue representada en El Salvador. La segunda, *No se lo digas a nadie*, fue programada en la Campaña Europea de prevención de violencias sexuales contra la infancia y Omega Multimedia de México prepara su producción como largometraje. Su videopoema "Hombre nuevo" fue seleccionado en el Festival Internacional "Grito de mujer" y con "Rara" fue finalista en el I Concurso de Poesía Audiovisual Armando Rojas Guardia. Es autora del epílogo de *Carne de tu carne*, obra dramática de Eugenia Kléber (Ed. Irreverentes). Recientemente, ha obtenido el Primer Premio de relato en el VIII Certamen Literario Párkinson León y ha resultado semifinalista en el Premio Nacional de Poesía Viva #LdeLírica con su interpretación audiovisual *Encendidas*.

Un canal nuevo

PERSONAJES

SVETA: Anciana

REPARTIDORA: Mujer joven

&

En la penumbra de un salón se percibe el parpadeo lumínico de una televisión encendida y silenciada.

Los destellos catódicos dejan vislumbrar la figura de Sveta, que, sentada en un sillón y absorta frente a la pantalla, despierta dudas sobre su pulso vital.

Suena el timbre.

La anciana se incorpora revelando, a través de su movilidad averiada, secuelas de una artritis degenerativa.

Al abrir la puerta aparece la Repartidora; una vigorosa y cordial mujer joven que trae la compra encargada.

REPARTIDORA: ¡Buenos días!

SVETA: Buenos días, déjalo ahí, ya lo coloco yo luego.

REPARTIDORA: ¿Y la leche? Pesa mucho y usted sola no podrá…

SVETA: Bueno, ponla debajo de esa estantería, gracias.

La joven descarga la compra.

REPARTIDORA: Le dejo cuatro cajas de leche de soja, tres panes de espelta, media docena de huevos ecológicos y un paquete de almendras crudas.

SVETA: Muy bien… Ya se lo pagué a la chica, ¿eh?

REPARTIDORA: Sí, sí, no se preocupe. Todo correcto. Que tenga un buen día.

SVETA: Gracias. Tú también, no te canses mucho.

REPARTIDORA: No, ya termino. Este es mi último reparto. ¡Por fin es viernes!

SVETA: Sí…

La repartidora sonríe generosamente en un amago de despedida, pero la penetrante mirada de Sveta hacia sus piernas paraliza a la joven, que, al bajar la vista, advierte una gran mancha de sangre traspasando sus pantalones blancos.

REPARTIDORA: ¡Oh, no!¡Qué horror!

SVETA: ¡Oh, no! ¡Qué maravilla!

REPARTIDORA: ¿Cómo?

SVETA: La vida… la posibilidad de crear vida…

REPARTIDORA: A mí no hace más que complicármela…

SVETA: Fue tan triste cuando me abandonó… Yo adoraba esa sangre… su olor a origen… Qué no daría por volver a verla… Pasaba meses sin ella, pero luego aparecía y yo me sentía invicta: "¡Aún huelo a parto!" gritaba… "¡Aún huelo a parto!".

Pero un día ya no volvió.

REPARTIDORA: ¡Qué expresiva es usted!

SVETA: Soy una vieja poeta…

REPARTIDORA: ¡Una poetisa!

SVETA: Poeta, si no te importa…

REPARTIDORA: ¿Nò le gusta que le digan poetisa?

SVETA: "La poesía es femenina. ¡La mujer es poeta! El hombre, que sea poeto".

REPARTIDORA: ¡Ja, ja!… Qué graciosa es usted…

SVETA: No es mío.

REPARTIDORA: ¿Ha publicado alguna vez?

SVETA: No. Mi poesía nunca salió de esta casa.

Escribo poemas sobre lavadoras, cucarachas y váteres sucios.

REPARTIDORA: Ah…

La joven inspecciona la mancha de sangre de su pantalón.

REPARTIDORA: ¡Qué desastre! ¿Cómo voy a salir así…?

SVETA: Abre el armario de mi hija y ponte el vestido que quieras.

REPARTIDORA: ¿No se molestará su hija?

SVETA: No, ella no quiere nada de esta casa. Está al final del pasillo.

La Repartidora sale de escena.

Sveta coge una antigua radio y sintoniza una emisora de música clásica.

Eleva los brazos hacia el firmamento, flameando las muñecas al ritmo de la melodía que suena.

Aparece la joven. Lleva puesto un vestido de colores.

REPARTIDORA: He escogido este… Es el único que no es negro…

SVETA: Sí, ese se lo regalé yo. Nunca se lo puso. Cuando le preguntaban que por qué iba siempre vestida de negro, ella contestaba: "Llevo luto por mi vida".

REPARTIDORA: ¿Tuvo algún problema?

SVETA: Sí, su madre.

Sveta sube el volumen de la música y comienza a recitar como transportada a otra dimensión.

SVETA: Yo perderé
Me quedaré esperando
Hasta de moribunda
tendré fe
en que el teléfono suene
y valide mi existencia
Nada me salvó
Me desperté en la noche
y mi compañero de cama
se había meado
Cuando amaneció
maté una cucaracha

con la zapatilla
Esta postmenopausia
(asquerosa palabra)
me está devastando
Otra vez es viernes
y el milagro
no ha ocurrido

REPARTIDORA: ¿Es… es un poema?

SVETA: Sí.

REPARTIDORA: ¿Es suyo?

SVETA: Sí.

REPARTIDORA: Ah… es que yo no entiendo mucho de poesía…

SVETA: Yo tampoco.

La joven se recompone el vestido.

REPARTIDORA: ¿Dónde está ahora?

SVETA: ¿Eh?

REPARTIDORA: Su hija… ¿Dónde está?

SVETA: En cualquier lugar lejos de aquí.

REPARTIDORA: ¿Por qué?

SVETA: No lo sé.

REPARTIDORA: ¿No lo sabe?

SVETA: Antes de irse me dijo: "Te odio. Te odio inmensamente y juro que nunca seré feliz".

REPARTIDORA: ¿Por qué le dijo eso? ¿Qué pasó antes de decirle eso?

SVETA: Pasó tiempo, pasaron gritos, silencios... En sus ojos apareció la oscuridad... La gente me contaba lo alegre y luminosa que era mi hija... lejos de aquí. Siempre en otra parte. Nunca conmigo. Me ocultaba la alegría como si tuviera que pagar yo una penitencia. No sé qué le hice... No lo sé...

REPARTIDORA: Quizás fue lo que no hizo... o quizás necesitó irse para encontrarse. Nos alejamos de lo que nos hace daño, de lo que nos da miedo...

SVETA: No soy un monstruo.

REPARTIDORA: La verdad de lo que sentimos, a veces nos parece monstruosa.

Sveta vuelve a elevar los brazos.

SVETA: Bienvenida verdad que arrasas
las mentiras trepadoras
fraudes que se agarran
al latido del afecto
trampas carceleras
ladronas de tiempo
Bienvenida verdad
déjame a la intemperie
sin estafas
déjame respirarte
sin miedo
entra en mí libre, ligera
y seré viento

REPARTIDORA: ¿Es otro poema suyo?

SVETA: Sí.

REPARTIDORA: Me gusta lo de "ser viento"...

SVETA: Sí, sé viento. Yo nunca lo fui, siempre tuve que quedarme en tierra cuidando de alguien.

REPARTIDORA: ¿A qué se dedicaba su hija antes de irse?

SVETA: A odiarme.

REPARTIDORA: ¿Por qué?

SVETA: Repito que no lo sé. Le permití mucho y siempre tuvo saldo en la cuenta para despilfarrarlo en sus fantasías.

Mi madre sí que fue durísima conmigo.

REPARTIDORA: Quizás solo necesite tiempo…

SVETA: ¿Tiempo para qué?

REPARTIDORA: Para sanar lo que le alejó de usted.

SVETA: A mí ya no me queda tiempo.

Sveta sube el volumen de la radio y vuelve a bailar.

SVETA: *(Recitando)*
Se va
definitivamente se va
Hoy has visto tu cuello ajado
y todo lo que pudo haber sido
se va
También llegó para ti
Aún tienes ojos de niña extraviada
y también llegó para ti
ese viento de poniente
que todo lo seca

REPARTIDORA: ¿Otro poema?

SVETA: Sí, un poema sobre viejas.

La joven sonríe.

REPARTIDORA: Yo también estoy lejos de mi madre y no la odio.

Lo que odio es su patrón heredado.

SVETA: ¿Su qué?

REPARTIDORA: Lo que espera de mí; ese mandato interno que tácitamente intenta transmitirme para que lo cumpla sin cuestionarlo.

SVETA: A tu madre le tocó otra época. Nos juzgáis desde vuestro tiempo privilegiado.

Nos culpáis y no somos más que víctimas de un período muy oscuro.

REPARTIDORA: Ya no la culpo, la comprendo, pero ahora me protejo de sus tentativas manipuladoras y pongo distancia para que no me invada, para que no me haga daño.

SVETA: Daño... qué sabréis vosotras lo que es sufrir…

Hablas como mi hija; eternas víctimas, emperatrices del trauma, siempre con la terapia encima.

REPARTIDORA: Quizás le viniera bien a usted también un poco de terapia...

SVETA: Sois profundamente débiles y profundamente egocéntricas.

Ya os enteraréis de lo que es un hijo...

REPARTIDORA: Un hijo no debe suponer una maternidad sometida a injustas renuncias.

Necesitamos un exorcismo colectivo que saque a ese arquetipo de nuestra mente.

SVETA: Un exorcismo colectivo... Brujas lloronas. Eso es lo que sois.

REPARTIDORA: Voy comprendiendo más a su hija...

Sveta eleva los brazos en un gesto expresionista e histriónico.

SVETA: *(Recitando)*
Queréis ser estrellas porno
No sabéis del caos
de una casa sin madre
La madre es la casa psíquica

Habéis humillado a las madres
Las echaréis de menos
cuando esta locura explote
Lloraréis mutiladas
añorando su sagrada labor
Queréis ser estrellas porno
Os dijeron que eso era empoderamiento
y os lo creísteis

REPARTIDORA: Disculpe. He de irme. Le devolveré el vestido mañana. Tengo prisa.

Sveta se coloca frente a la puerta y le impide salir.

SVETA: No tienes prisa. Has dicho que este era tu último reparto.

REPARTIDORA: Me está usted empezando a inquietar, señora...

Sveta comienza a sufrir una crisis de ansiedad.

SVETA: Perdona... perdóname por favor... Solo soy una vieja solitaria... Hoy necesitaba tanto hablar con alguien que he llamado al Seguro para que me volvieran a explicar las cláusulas... Perdona... es la medicación... ya se lo dije al psiquiatra y no me hace caso... empeñado en que me trague todas esas pastillas... Solo saben drogarme... y yo lo único que necesito es que mi hija vuelva...

REPARTIDORA: ¿Ha intentado hablar con ella?

SVETA: ¡Nunca pude hablar con mi hija! ¡Solo chillaba y se iba!

REPARTIDORA: Se averió el canal en el que alguna vez sintonizaron...

SVETA: Sí, alguna vez... era tan pequeña... Me bendecía con sus pupilas cuando la cogía en brazos para acunarla en la mecedora... Yo era todo para ella, pero algo le cambió... Un silencio como un manto viscoso se interpuso entre nuestras miradas. Se desconectó de mis ojos.

REPARTIDORA: Se perdió la frecuencia de vuestro canal.

SVETA: Sí, se extinguió la simbiosis en la que flotábamos.

REPARTIDORA: Quizás su hija esté librando la batalla que a usted le venció.

SVETA: ¿Quién me venció?

REPARTIDORA: El patrón heredado.

Pausa.

SVETA: Yo no pude elegir…

REPARTIDORA: Tiene usted mucho que sanar antes de volverse a encontrar con su hija…

SVETA: Cómo complicáis las cosas… Que venga y me abrace… y ya está.

REPARTIDORA: No se arregla así. Eso es un parche. Hay que descubrir las causas de las averías para repararlas y poder sintonizar en un canal nuevo.

Sveta tira con violencia la radio al suelo.

SVETA: ¡Deja de hablar como ella! ¡Dejad de analizaros tanto y comenzad a asumir la selva que somos! Puede que todo lo haya hecho mal, pero nadie en el mundo recogerá sus pedazos sino yo.

REPARTIDORA: *(Haciendo ademán de irse)* Mañana le devolveré el vestido.

La joven intenta salir, pero Sveta sigue interponiéndose entre la puerta y ella.

SVETA: Mi hija, mi creación, mi verdadero poema…

REPARTIDORA: Hay que hacer consciente el dolor inconsciente que condiciona nuestros actos.

Sveta se aparta de la puerta dejándole el paso libre.

SVETA: ¡Ve a ver a tu madre! ¡Puede que el día que acabes de analizarte ya no la encuentres! ¡Perdónala de una vez! ¡No es esa Diosa que tú creías! ¡Sigue siendo una niña asustada ante esta amenaza constante que es vivir! ¡Las madres no tenemos la culpa de todo! ¡A mí también me hicieron daño! Mucho daño…

Sveta rompe a llorar.
La joven le abraza súbitamente.

REPARTIDORA: Tengo miedo de ver la decepción en los ojos de mi madre y por eso vivo huyendo. Quizás a su hija le ocurra lo mismo.

SVETA: Quizás a tu madre le ocurra lo que a mí: Sufro y no entiendo. Solo sufro. No sé sintonizar ese canal nuevo del que hablas. No sé cómo aprender a hacerlo. Yo solo quiero que vuelva mi hija, para perdonarme, para chillarme, para lo que sea… pero que vuelva, porque quiero despedir a la parte de mí que se quedará en este mundo, cuando yo me vaya.

La joven deshace el abrazo y mira fijamente a los ojos de Sveta.

REPARTIDORA: Llámela. Usted es la madre y siempre tendrá ese poder inconsciente sobre ella.

Llámela y, desde la humildad, dígale eso que me ha dicho: que la quiere y que no sabe.

Pídale ayuda.

La joven abre la puerta y se va.

Sveta recoge la radio del suelo, intenta sintonizar música, pero nada suena.

Agita el aparato, le da un golpe, pero sigue sin funcionar.

De repente mira el teléfono.

Pausa.

Avanza hacia él y descuelga.

FIN